Cynnwys

Ci / Cath

Mae'n hwyl cael anifail anwes yn gyfaill ond mae'n bwysig gofalu amdano'n iawn.

Os ydych chi'n mynd i gael cath neu gi, beth sydd angen ei baratoi? Rhaid cael basged neu wely clyd, a bwyd a dŵr mewn dwy bowlen. Mae cathod a chŵn wrth eu bodd yn chwarae â theganau hefyd.

Bydd angen tennyn ar gi, er mwyn i chi allu mynd ag ef am dro.

Dyma Carlo'r ci. Mae'n hoffi mynd am dro ar dennyn. Sut mae e'n dangos ei fod yn hapus? Mae'n siglo'i gynffon. Mae'n mwynhau chwarae â'i bêl hefyd, a gall redeg fel y gwynt. Gyda'r nos, mae'n cysgu'n drwm wrth y tân.

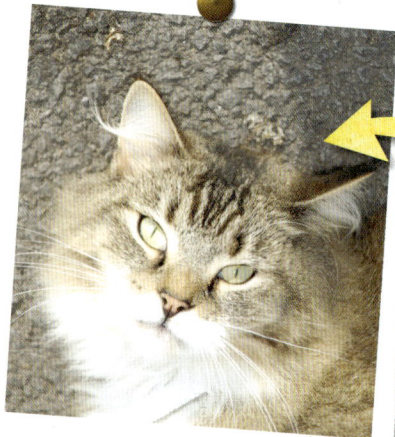

Dyma Gwladys y gath. Cath flewog yw Gwladys ac mae'n cadw'i blew yn lân trwy eu llyfu. Pan fydd hi'n hapus, mae'n canu grwndi. Ar noson braf, mae hi wrth ei bodd yn mynd allan i hela llygod.

ANIFEILIAID ANWES

Anifeiliaid

Helen Emanuel Davies

ⓗ Prifysgol Aberystwyth, 2010 ©

Cyhoeddwyd gan CAA, Prifysgol Aberystwyth, Plas Gogerddan, Aberystwyth SY23 3EB (www.caa.aber.ac.uk).

Cyhoeddwyd dan nawdd Cynllun Adnoddau Addysgu a Dysgu CBAC.
Noddwyd gan Lywodraeth Cynulliad Cymru.

ISBN   978-1-84521-386-2

Golygwyd gan: Fflur Pughe
Dyluniwyd gan: Richard Huw Pritchard
Argraffwyd gan: Argraffwyr Cambrian

Cydnabyddiaethau
Diolch i'r canlynol am ganiatâd i atgynhyrchu deunyddiau yn y gyfrol hon:

Richard Huw Pritchard – tud. 4
stock.xchng (www.sxc.hu) – tud. 5, 6, 7, 8, 9
www.animalphotos.info / www.flickr.com/people/annia316/ – tud. 5
Cynhyrchwyd gyda chaniatâd Dinas a Sir Abertawe – tud. 10
Gwasanaeth Archifau Gorllewin Morgannwg – tud. 10
Canolfan Groeso Beddgelert – tud. 11
TopFoto – tud. 11
© Neil Sinclair. Trwyddedwr: www.scran.ac.uk – tud. 11

Gwnaethpwyd pob ymdrech i olrhain a chydnabod deiliaid hawlfraint. Bydd y cyhoeddwyr yn falch o wneud trefniadau addas gydag unrhyw ddeiliaid na lwyddwyd i gysylltu â hwy.

Diolch i Dilys Ellis-Jones a Myfanwy Neal am eu harweiniad gwerthfawr.

Bochdew / Gerbil

Dyma Ben y bochdew. Mae Ben yn hoffi byw ar ei ben ei hun – dydy e ddim eisiau cwmni bochdew arall. Mae ganddo glustiau bach a llygaid sy'n llawn bywyd!

Mae'n mwynhau chwarae yn y nos ond gwell ganddo gysgu yn y dydd. Peidiwch â'i ddeffro!

Mae ganddo gaets mawr â digon o le iddo redeg o gwmpas. Sut mae Ben yn hoffi treulio'i amser? Mae'n twrio, gwneud twneli a rhedeg yn brysur ar ei olwyn!

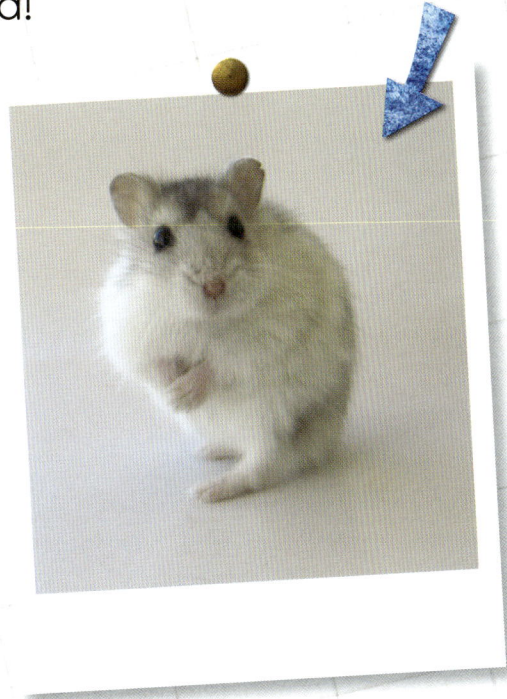

Dyma Jac a Jim y ddau gerbil. Maen nhw wrth eu bodd yng nghwmni ei gilydd. Mae ganddyn nhw gynffonnau hir, ac maen nhw'n barod i chwarae yn y dydd a gyda'r nos, dim ond iddyn nhw gael cysgu am gyfnodau byr weithiau. Maen nhw'n fywiog ac yn fusneslyd, ac yn hoffi cuddio darnau mân o fwyd yn y caets!

Crwban / Neidr

Falle eich bod chi'n hoffi anifail anwes mwy anghyffredin, fel crwban neu neidr.

Dyma Ceridwen y crwban. Mae gan grwbanod gragen galed ar eu cefn ac maen nhw'n byw'n hen iawn. Faint yw oed Ceridwen? Mae hi dros 50 oed! Mae'n cysgu dros y gaeaf, ac mae'n byw yn yr ardd yn yr haf. Mae hi'n hoffi gwres yr haul. Llysiau a bwyd gwyrdd yw ei hoff fwyd. Does ganddi ddim dannedd, ond mae ganddi big sy'n debyg i big aderyn.

Gall neidr fyw am amser hir hefyd.

Dyma Nia'r neidr. Mae hi'n tua 15 mlwydd oed. Neidr ŷd yw hi. Mae ganddi groen sych â phatrymau hardd arno.

Mae Nia'n byw mewn tanc arbennig â chlawr cadarn. Ar waelod y tanc, mae llecyn tywyll lle y gall fynd i guddio. Mae hi ar ddihun yn gynnar yn y bore a gyda'r nos, ond mae hi fel arfer yn cysgu yn ystod y dydd. Beth mae'n ei fwyta? Mae'n hoffi pincis – llygod bach!

ANIFEILIAID ANWES

Tarantwla / Pysgodyn

Mae rhai pobl yn hoffi cadw pry copyn fel anifail anwes. Math o bry copyn mawr, blewog yw Twm y tarantwla. Mae'n byw mewn tanc ac mae'n gallu aros yn llonydd fel delw am amser hir. Yna mae'n symud yn gyflym iawn! Mae'n hoffi bwyta pryfed byw.

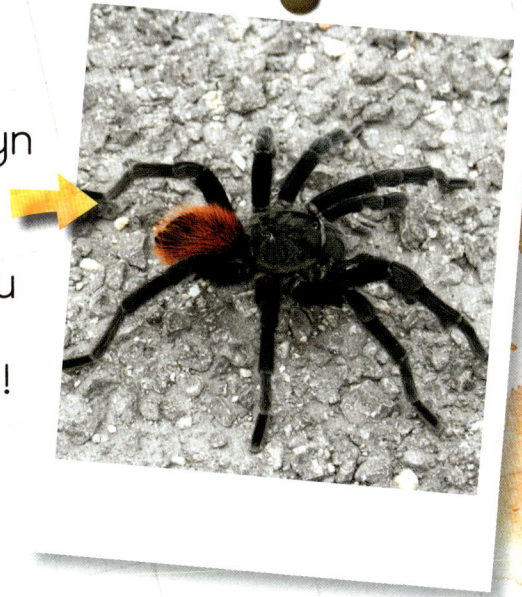

Ydych chi erioed wedi cael pysgodyn aur? Falle eich bod chi wedi ennill un yn wobr yn y ffair.

Dyma Pwyll y pysgodyn. Mae ei gen aur yn disgleirio wrth iddo nofio. Mae'n byw ar ei ben ei hun mewn powlen blastig. Mae'n bwysig cadw'r dŵr yn lân a gosod planhigion gwyrdd ynddo. Mae pysgod wrth eu bodd yn nofio trwy'r planhigion.

Mae rhai pobl yn cadw llawer o bysgod ac yn prynu acwariwm iddyn nhw fyw ynddo. Ar gyfer rhai pysgod, bydd angen cadw'r dŵr yn yr acwariwm yn gynnes. Mae pysgod hardd o bob lliw a llun i'w cael.

Anifeiliaid neu adar yn yr ardd

Falle nad oes anifail anwes yn byw yn y tŷ gyda chi. Ond gallwch chi fod yn gyfaill i anifeiliaid neu adar sy'n dod i'r ardd.

Mae rhai pobl yn gosod bwrdd adar yn yr ardd ac yn rhoi bwyd arno. Gallwch chi fwydo'r adar trwy'r flwyddyn. Maen nhw'n bwyta hadau neu gnau wedi'u malu, neu sbarion bwyd fel cig moch neu gaws.

Mae'n bwysig iawn gosod bwyd i adar yn y gaeaf oherwydd mae'r tywydd yn oer ac mae bwyd yn brin. Os ydych chi'n rhoi bwyd allan yn rheolaidd, bydd yr adar yn dod at y bwrdd adar bob dydd i'w fwyta.

Pa fath o adar sy'n dod i'r ardd? Gallech chi weld robin goch, titw, aderyn y to, ji-binc neu aderyn du.

Ydych chi wedi gweld draenog yn yr ardd? Mae draenogod yn hoffi crwydro o un ardd i'r llall. Fel arfer, maen nhw'n cysgu yn y dydd ac yn dod allan yn y nos. Os ydych chi'n gweld draenog allan yn y dydd, mae'n bosib ei fod e'n sâl.

Os oes draenog yn dod i'r ardd, peidiwch â rhoi bara na llaeth buwch iddo. Gallech chi osod soser o fwyd ci neu fwyd cath, a phowlen o ddŵr.

Peidiwch â gafael mewn draenog chwaith. Os yw draenog yn cael ofn, mae'n gwneud ei hun yn bêl fach bigog a rhaid gwisgo menig i'w godi.

Mae draenogod yn cysgu dros y gaeaf. Os ydych chi'n cael coelcerth neu dân gwyllt ar noson Guto Ffowc, gwnewch yn siŵr nad oes draenog yn agos!

Anifeiliaid anwes enwog

Mae rhai anifeiliaid anwes wedi dod yn enwog am fod yn ddewr neu'n ffyddlon. Allwch chi feddwl am rai? Dyma dri. Cŵn ydyn nhw i gyd.

Ci *Newfoundland* du oedd **Jac Abertawe**. Roedd yn byw wrth y dociau yn Abertawe gyda'i berchennog, William Thomas.

Un diwrnod, syrthiodd plentyn i'r dŵr yn y dociau. Roedd e'n gweiddi, "Help! Help!" Clywodd Jac y plentyn yn galw a neidiodd i mewn i'r dŵr a'i achub rhag boddi!

Yn ystod ei fywyd, achubodd Jac 27 o bobl oedd wedi syrthio i mewn i'r dociau. Daeth yn gi enwog iawn. Roedd lluniau ohono yn y papurau newydd ac enillodd wobrau am fod yn gi dewr.

Dociau Abertawe

Ond yna, dyma Jac yn bwyta gwenwyn lladd llygod ac yn marw. Roedd pawb yn drist. Mae cofgolofn i Jac yn Abertawe o hyd.

Ci Llywelyn Fawr oedd **Gelert**. Un diwrnod, roedd mab bach Llywelyn yn cysgu yn ei grud pan ddaeth blaidd i mewn i'r stafell. Roedd Gelert yn gi dewr a ffyddlon. Fe wnaeth e ymladd â'r blaidd a'i ladd. Yna daeth Llywelyn i'r stafell a gweld Gelert yn waed i gyd. Roedd yn meddwl bod Gelert wedi lladd y baban. Tynnodd ei gleddyf a lladd Gelert. Yna gwelodd Llywelyn fod y baban yn ddiogel yn ei grud. Ond roedd hi'n rhy hwyr – roedd Gelert wedi marw.

Bedd Gelert

Roedd **Greyfriars Bobby**, daeargi du, yn byw yng Nghaeredin yn yr Alban. John Gray oedd ei berchennog.

Ar ôl i John Gray farw, aeth Bobby i fynwent Greyfriars i eistedd wrth fedd ei feistr bob dydd am 14 mlynedd.

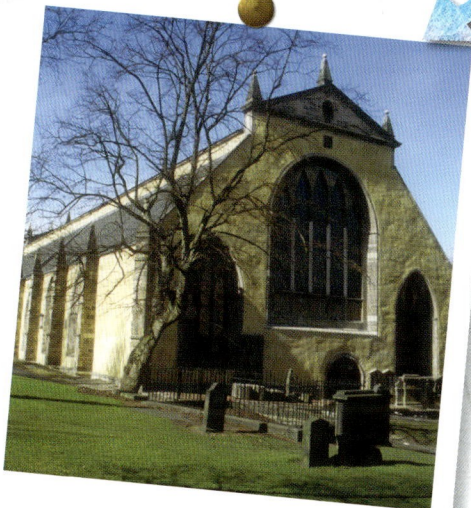

Daeth yn enwog am fod yn gi ffyddlon ac mae cofgolofn iddo yng Nghaeredin.

Mynegai

Gwyliau Gareth

Helen Emanuel Davies

Lluniau gan Anne Lloyd Cooper

Awdur: Helen Emanuel Davies
Lluniau: Anne Lloyd Cooper

ISBN: 978-1-84521-386-2

Golygydd: Fflur Pughe
Dylunydd: Richard Huw Pritchard
Argraffwyr: Argraffwyr Cambrian

PRIFYSGOL
ABERYSTWYTH

CBAC
WJEC

Neidiodd Gareth allan o'r gwely a rhuthro i lawr y grisiau. Fel arfer roedd yn rhaid i Dad alw ar Gareth sawl gwaith cyn iddo godi, ond roedd heddiw'n wahanol. Dyma ddiwrnod cyntaf gwyliau hanner tymor yr hydref, ac roedd Gareth eisiau mwynhau pob munud!

Roedd Dad yn golchi llestri pan redodd Gareth i mewn i'r gegin.

"Ew!" meddai â gwên. "Rwyt ti'n gynnar!"

Estynnodd Gareth bowlen o'r cwpwrdd ac arllwys creision ŷd a llaeth i mewn iddi. Dechreuodd lowcio'r bwyd ar frys, yna tagodd a dechrau peswch.

Chwerthin wnaeth Dad. "Gareth, cymer bwyll," meddai, "mae wythnos gyfan o wyliau."

"Ond dw i eisiau cael hwyl a gwneud pob math o bethau dros y gwyliau," atebodd Gareth. "Gawn ni fynd i'r parc i chwarae pêl-droed?"

"Wel," atebodd Dad. "Mae'n rhaid i mi beintio'r sied gynta. Ond gallwn ni fynd i'r parc yn nes ymlaen."

Roedd Gareth yn siomedig, ond meddai, "Ga i ffonio Tom? Ga i ofyn iddo ddod draw? Gallwn ni ymarfer taflu pêl-fas i'r rhwyd ar wal y tŷ."

"Wrth gwrs," atebodd Dad.

Aeth Gareth i ffonio Tom. Mam Tom atebodd. "Mae Tom wedi mynd allan," meddai. "Mae e wedi mynd â'r ci am dro." O na!

Am siom! Meddyliodd Gareth am funud. Yna meddai wrtho'i hun, "Fe af i drws nesa i weld Ianto. Gallwn ni chwarae ar ei gyfrifiadur."

Dringodd Gareth dros y wal a chnocio ar ddrws y tŷ drws nesa. Daeth Ianto at y drws ar unwaith.

"Helô, Gareth," meddai. "Dere i mewn. Dw i ar ganol rhoi bwyd i Sara. Hoffet ti ei gweld hi'n bwyta?"

"Pwy yw Sara?" gofynnodd Gareth.

"Fy neidr newydd i," atebodd Ianto. "Mae hi'n bwyta llygoden fach."

Ych a fi! Doedd Gareth ddim eisiau gweld Sara'n bwyta.

"Dim diolch," meddai'n swta, a throdd ar ei sawdl a mynd adre.

Am wyliau diflas! Doedd gan Gareth ddim i'w wneud a dim cwmni.

Mae ci gan Tom ac mae neidr gan Ianto, meddyliodd. Hoffwn i gael anifail anwes. Byddai gen i gwmni wedyn.

Aeth i chwilio am Dad.

"Dad," gofynnodd, "ga i anifail anwes?"

Roedd Dad wrthi'n peintio, ond stopiodd a meddwl.

"Wel," meddai, "byddai'n rhaid i ti ofalu amdano a rhoi bwyd iddo."

"Wrth gwrs," meddai Gareth.

Meddai Dad, "O'r gorau, fe gei di anifail anwes..."

"Hwrê!" gwaeddodd Gareth.

"... ar dy ben-blwydd," meddai Dad.

"Ond dw i eisiau anifail anwes nawr," gwaeddodd Gareth a rhedeg yn ôl i'r tŷ mewn tymer ddrwg.

Ymhen tipyn, daeth Dad i mewn o'r sied.

"Gareth!" galwodd. "Dw i wedi gorffen peintio. Wyt ti eisiau mynd i'r parc?"

Roedd Gareth yn ei stafell wely. Roedd e mewn tymer ddrwg o hyd. Wnaeth e ddim ateb.

"Gareth," galwodd Dad eto, "dw i'n barod i fynd i'r parc. Rhaid i ti wisgo'n gynnes! Mae hi'n oer."

O'r diwedd, daeth Gareth i lawr o'i stafell wely gan lusgo'i draed. Roedd Dad yn disgwyl amdano, yn gwisgo cot a sgarff. Roedd ganddo bêl-droed goch yn ei ddwylo.

"Wyt ti'n barod am gêm?" gofynnodd Dad gan wenu. Roedd e'n gwybod bod Gareth yn siomedig.

Cerddodd Dad a Gareth i'r parc. Roedd Gareth yn hoffi crensian trwy'r dail oedd wedi syrthio oddi ar y coed. Dechreuon nhw gicio'r bêl o un i'r llall. Roedd Dad yn gallu cicio ymhell, ac roedd Gareth yn rhedeg ar ôl y bêl a'i chicio'n ôl. Yna collodd Dad y bêl yn y llwyni.

"Gareth, helpa fi i chwilio," galwodd.

Penliniodd Gareth wrth y llwyni ac edrych o dan y brigau. Dyna'r bêl! Wrth iddo estyn amdani, gwelodd Gareth anifail bach brown, pigog yn symud ar hyd y llwybr wrth y llwyni.

"Hei, Dad," galwodd yn gyffrous. "Beth yw hwn?"

Daeth Dad i benlinio wrth ymyl Gareth. "Hm," meddai. "Draenog yw e."

Roedd y draenog yn cerdded yn simsan ar hyd y llwybr. Edrychodd Dad arno'n ofalus.

"Yn y nos mae draenogod yn dod allan fel arfer. Pam mae hwn allan yn y dydd, tybed?" meddai Dad. "Falle ei fod e'n sâl, neu wedi ei anafu. Mae e'n fach iawn hefyd. Rhaid i ni ofalu amdano."

"Sut? Beth wnawn ni?" gofynnodd Gareth yn frwdfrydig.

"Gwell i ni fynd ag e adre gyda ni," meddai Dad.

Tynnodd ei sgarff a chododd y draenog a'i lapio ynddi rhag i'r pigau frifo'i fysedd.

Cariodd Gareth y draenog yn ofalus yn y sgarff. Ar ôl cyrraedd adre, chwiliodd Dad am focs cardfwrdd a gosododd bapur newydd ar ei waelod. Yna, llenwodd botel blastig â dŵr poeth a'i lapio hi mewn tywel. Rhoddodd nhw yn y bocs.

Meddai Dad, "Rhaid i mi archwilio'r draenog i weld a yw e wedi'i anafu." Gwisgodd fenig, yna tynnodd y sgarff oddi ar y draenog ac edrych drosto'n ofalus. "Hm," meddai. "Does dim anaf."

Gosododd y draenog yn y bocs a thynnu ei fenig. Symudodd yr anifail bach o gwmpas am ychydig gan arogli popeth. Yna, gorweddodd wrth y botel dŵr poeth.

Roedd Gareth wrth ei fodd! "Edrych, Dad!" meddai. "Rhaid ei fod e'n teimlo'n gyfforddus yn y bocs!"

Gwyliodd y draenog am funud neu ddwy, yna meddai, "Beth am roi bwyd iddo?"

"Syniad da," meddai Dad. "Mae e'n denau iawn. Fe awn ni i'r siop i brynu tun o fwyd cath."

Ar y ffordd i'r siop, eglurodd Dad, "Mae draenogod yn cysgu dros y gaeaf fel arfer, ond mae hwn yn un bach iawn. Bydd yn rhaid iddo aros ar ddihun a chael bwyd yn ystod y gaeaf."

"O ble fydd e'n cael bwyd?" gofynnodd Gareth.

Meddai Dad gan wenu, "Beth am i ni ofalu amdano?"

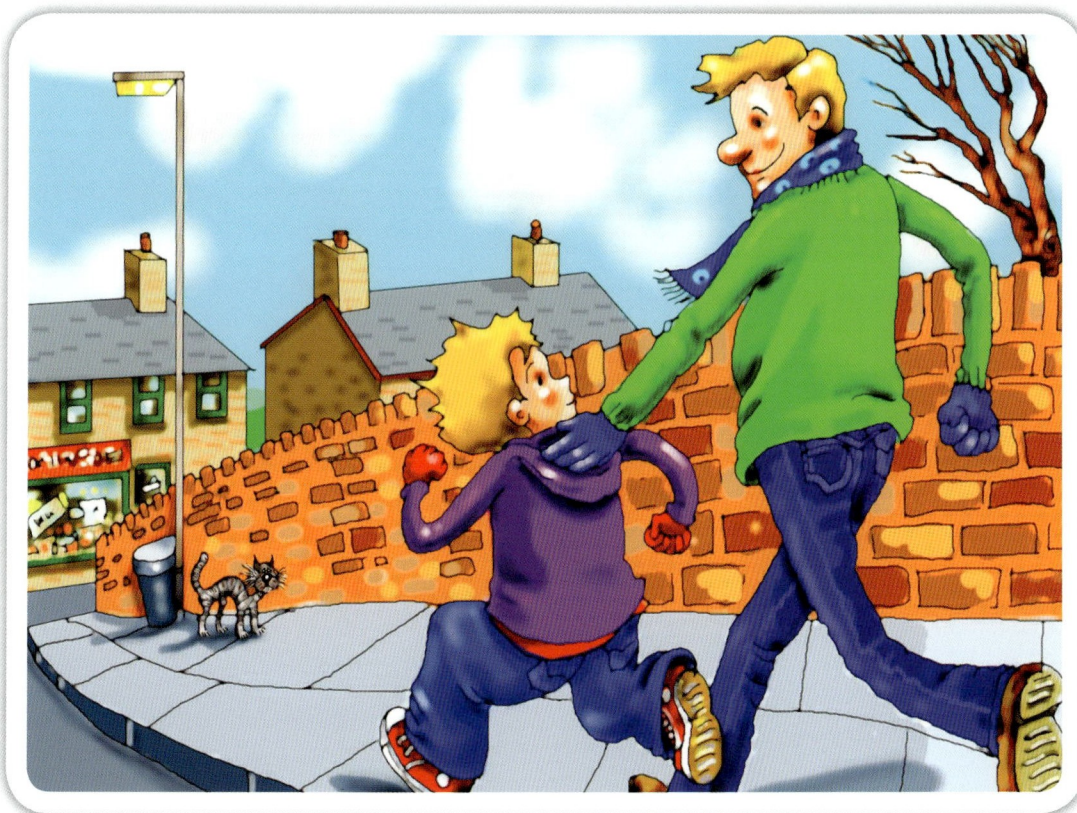

Roedd Gareth wedi gwirioni! Ar ôl cyrraedd adre, rhoddodd ychydig o'r bwyd ar soser a'i osod yn y bocs. Daeth y draenog i arogli'r bwyd, yna bwyta'n awchus!

"Gallwn ni wneud lle cyfforddus iddo yng nghornel y sied," meddai Dad.

Yn sydyn, canodd y ffôn ac atebodd Gareth. Tom oedd yno. Roedd e'n gofyn am gael dod draw i chwarae.

Cyn i Gareth orffen siarad â Tom, daeth cnoc ar y drws. Ianto oedd yno. Roedd e eisiau i Gareth ddod i chwarae gemau cyfrifiadur.

"Fory," meddai Gareth wrth y ddau. "Dw i'n brysur heddiw. Mae gen i gyfaill newydd – draenog yw e!"